JN437972

# 세월에 묻힌 발자국

## 김준환 시집

을지출판공사

■ 서문

# 자기체험과 자연에서 시작(詩作)

## —시집 「세월에 묻힌 발자국」에 부쳐

윤　해　규

〈시인 · 을지출판공사 대표〉

백청 김준환 시인은 충남 부여에서 태어나 한밭대학교 전신인 대전공전을 졸업한 엔지니어로서 한국중부발전(주)에 근무하고 있다.

바쁜 직장 생활에도 병중에 계신 부모님을 봉양하며 농사일을 돕는가 하면 시공부를 하여 국내 굴지의 종합문학 월간지 「문예사조」의 신인상에 당선되어 시인으로 등단했으며 지금은 한국문인협회 보령지부 회원으로 참여하여 왕성한 문단활동을 전개하고 있다.

그동안 틈틈이 써 온 70여 편의 시작품을 모아 시집으로 간행함에 나는 발행인으로 인연을 따라 시집 첫머리에 「서문」을 올리게 되어 기쁜 마음으로 시편들을 대해 보니 일면식도 없는 시인인데 그의 생각과 생활의 기침 소리가 봄비처럼 들려오고 있다.

한편 한편의 시에는 시인의 체험과 생각이 아로새겨져 있고 생명이 담겨져 있다. 김준환의 시는 자연의 흙과 고향의 인정, 탯줄을 묻는 원초적 귀소본능의 강력한 근원과 현실사회를 이야기하고 싶은 욕구를 바탕으로 하고 있다. 제3부 「봄 1~6」「춘음」「단풍」은 자연을 의인화했는데 거기에서 느낌은 읽는 이로 하여금 자신의 생을 한번 뒤돌아보게 한다.

어둡고 추운 지하에 갇혀 있던
뿌리들 기지개 켜라고 봄바람 가득한
날이 다가오고 있다.

겨우내 하루를 열흘같이
참고, 보듬으며
지내 온
움트지 못한 꽃대들
내 품에 안기라고 외쳐 댈
봄이
따스한 봄바람을 몰고 오고 있다.

봄이 오면
움츠렸던 가슴에도
새롭고 멋진 움이 트겠지…….

—시 「봄 4」 전문

희(喜)·노(怒)·애(哀)·락(樂)·애(愛)·오(惡)·구(懼) 칠정 오욕에 근원한 문학의 8대 정신인 사랑, 미움, 슬픔, 기쁨, 존경, 예찬, 공포 등, 그 모든 곡절들이 고향의 자연과 자기 체험에서 시의 씨앗을 찾아내어 시의 원천을 삼고 있는가 하면 누구에게나 현실사회를 이야기해 보고 싶은 욕구와 어떤 형태에 대한 자기 의견을 설명하고 설득해 보고 싶은 욕구, 그리고 보이는 것을 보지 않을 수 없으니 그저 지나칠 수 없어 솔직한 표현으로「세대교체」같은 시를 썼다.

누구를 위해 만들어져
여기에 있었는지 모른다.
다만 필요할 뿐이었던

버려지는 저 의자,
낡고 성한 곳 한 군데 없고, 다만
검은 때와 굵은 힘줄만이 가득하고
왔을 때만 해도
위풍당당하게
어느 한곳 차지하고
누구도 오지 않게 호령號令도 하였건만
이제는
쓸쓸하게 발뒤꿈치가 들린 채 질질
가는 곳도 모른 채
젊은 낯선 손에 이끌리어 가고 있다

지금도
의자는 새롭게 만들어져
가고 있다.
내일을 위해

—시「세대교체」 전문

부박(浮薄)한 현대 환경속에서 외래 풍조에 물들고 병든 물질만능의 퇴폐문화가 만연되는 시점에서도 그는 마지막 남은 시골의 흙냄새를 풍기는 구수한 서정시를 지키고 있다. 어떤 것은 자연으로 돌아가 병든 감상을 치유하는 목가적 향토성으로 때로는 공동체의 나눔의 정신과 자기 인생의 앞날을 내다보면서 자신을 다스리는 그의 서정성은 아주 귀하다 할 것이다.

인간 찾기 흙냄새와 우리의 본래를 보존하기, 그러한 소중한 자기의 본모습을 보고 싶은 사람들에게 나는 김준환 시인의 시집 『세월에 묻힌 발자국』을 읽어 보라고 권하고 싶다. 쑥내음 향기롭고 아직도 3천궁녀의 넋이 살아 있는 백마강 물줄기의 서정을 찾아내어 우리나라 문학사의 한 자락에 족적을 남겨줄 것을 김준환 시인에게 바라는 바이다.

2010년 5월 16일

# 차 례

## 제 2 부 세월의 유속

## 제 3 부 아침 풍경

## 제 4 부 진한 향기

제 1 부

# 상실된 나를 위하여

그래.
오늘 하루만은
상실된
나를 위한 시간을…….

# 앞만 보며 달려 온 나

지천명 중반을 달려온 지금 이 순간까지 나는
어디에 어떤 모습으로 무엇을 해 왔으며 또한
할 일이 얼마나 남아 있을까?
홀로 외롭고 고독하게 흰 눈 덮인
머언 산을 지그시 감은 눈으로 균열된
흐릿한 유리창을 통해 바라본다.
뒤를 돌아볼 겨를 없이 앞만 보며 달려 왔다.
친구도 없다.
멋진 이성도 없다.
그렇다고 지나온 과거에 대하여 마음
편하게 얘기할 사람도 없다.
유일한 친구는 외로움과 고독뿐이다.

무언가 얘기라도 하고픈 흰 눈 덮인
부러질 듯한 나뭇가지 등에
업힌 흰 눈 또한 이별의 아픔 싫어서 그런지
떨어지지 않으려고 발버둥 친다.
둘만이 알 수 있는 고통인 것이다.
그래도 흰 눈은 편안하게

누울 영원한 친구, 가지가
있으니 행복하지 않은가?

비가 온다.
흰 눈과 나무들의 울음소리
여기저기에서 들려온다.
이별의 아픔이다.
나뭇가지 등에 업혀 있던 흰 눈,
말없이 녹아서 떨어진다.
온몸이 굳은 채로 떨어지기도 한다.
비가 오지 않았다면 이 아픔 있겠는가?

고통은 있기 마련이다.
다만 일찍 오고 늦게 오는 차이만 있을 뿐,
언젠가는 올 일이다.

그래도 흰 눈은 찾아오기만 하면
반기는 나무가 있지 않은가.

## 상실된 나

내 몸, 내 혼은 어디 가면 찾는가

오늘 하루!
상실된 나를 찾아 어디론가 가고 싶다

여기 있은들 내 몸, 내 혼 아니고
저기 있은들 내 몸, 내 혼 아니겠는가?
이곳에 있는 내가
지금의 나 아닌가, 몸과 혼이 함께하는

그래.
오늘 하루만은
상실된
나를 위한 시간을…….

# 사고 차량을 본 후

예고도 없이 내려 버린 눈
그렇다고 많이 오지도 않았다.
예쁘게 차려 입은 차들이 흉물스럽게
화장을 고쳐 가고 있다.
바쁘게 제 갈길 찾아가던 차들
조금만 높아도 하얗게 덮은 검은 땅을 마구 판다.
괭이, 호미, 삽도 아닌 고무신으로…….
힘에 겨운지 하얀 입김들
구취와 함께 하늘을 원망하듯 토해 낸다.

여기저기에서 들려오는 패잔병
발생 신고, 전화통이 난리다.

간간히 길옆에 쓰러져 간호병들 오기만
기다리는 패잔병들 두 눈은
살아 숨 쉴지 걱정스런 고귀한 맘이 흩날리는
눈 속에서 빛난다.
어느 병원으로 가는지도 모르고
힘없는 손, 발, 몸을 쇠사슬에 묶인 채

구급차에 실려 가는 패잔병들.
부상정도가 심하지는 않아야
좋으련만 실려 가는 네 모습 지켜보는
이 마음 편치는 못하구나…….

# 귀향歸鄕

두 눈 크게 뜨고서도 볼 수 없는 노을 삼킨 하늘
축 늘어진 양팔로 검은색 덧칠하며
둥지 찾아 날아가는 기러기 떼.

각처에서 각양으로 생활해 온 부모형제 찾는 소리
노을 찾아 스며들고 삼삼오오 짝을 지어
앞서거니 뒤서거니 날아가는 너의 모습
정겹기도 하구나

강한 눈바람이 지之자로
일필휘지一筆揮之하는 것은 풀어
놓은 단추를 잠그라는 뜻인가, 어서
가란 뜻인가 알 수 없네.
이제, 강한 눈바람의 속맘을 뒤로한 채
하루를 마무리하고 삶 좇아온 그 길
족적 확인하며 가야 할 시간이다.

둥지 찾아 힘없이 날아가는 기러기야!
너의 맘,
나와 같지 않을까?

# 궁 금

무슨 일이 일어나는지
궁금해서
낡아 헤어진 검은색 구두를 이끌고
바다로 나갔다.

젊은 청춘
일렁이는 파도
파도 위를 날아다니는 갈매기
바닷길 밝히는 등대만이
보일 뿐.

다만,
내 자신을 아는 이는
오직 검은색 구두가 아닌가 생각하면서
망망대해 속에 내 맘을 담근 채
우두커니 서 있다.

# 일과日課

나는 오늘 너와 함께 마음껏 즐겼는지 묻고 싶다.
내놓을 것도 가져갈 것도 없는 친구에게

너와 함께하는 이곳에선 창피스럽지 않다
그러나 낯모르는 곳이라면…….

우리는 사는 동안
보지 않아야 될 일
봐야 될 일
보고 싶은 일
보고 싶지 않은 일,
많은 일이 있지만

그중에서 보고 싶은 일과 봐야 할 일만
언제나
나와 함께 한다면…….

# 점

점 하나
백지 위에
힘주어 찍어 놓는다.

점,
끝남이 아니고
시작인 것이다.
점과 점은
멀리가 아니고
가까이 아주 가까이에서
또 다른 점을 위해
있을 뿐

우리는
어딘가에 있을
점을 찾아 긴 여행을 하고 있다.
없다, 찾아도
보이지 않는 점.

# 촉鏃과 아我

촉鏃과 나는
끊어질 듯 긴장된
현弦과 슬하膝下에 기댄 채
먼 산을 응시하고 있다.

현弦과 나我는
날았다.
목표를 향해

촉鏃은
예쁘게 색색으로 꾸며놓은
조그만 원을 향해
꼬리를 흔들며
날아갔고
난
눈썹 휘날리며
달려갔다

슬하膝下 떠난 나나
현弦 떠난 촉鏃
다른 것이 무엇인가?

# 믿 음

누구나
"믿어봐"라고 말하지만
듣는 이의 마음도
같을까!

말하는 사람을
생각하지 않는다면 믿을 수 있겠지만…….

# 속마음 (1)

좋아하는지
나빠하는지
잴 수 없는
속마음은
보이지도 않는다.
다만,

얼굴에 그려지는
표정으로 나타날 뿐이라고

# 속마음 (2)

사람 마음 측정값
누가 재도
그 값이네

인생사
속고
속이고
사는 것 아닌가

사람 맘
알고, 모르고
속고, 속이는 것은
한 치의 깊이도 못되는 사람 마음 아닌가?

# 또, 다른 길을 찾아

나는 많은 길을 걸었다
구부러진 길
곧은 길
마른 길
젖은 길
험한 길
쉬운 길을
길은 대답도 없다
어디를 가는지 묻지도 않고
수많은 길을 나 홀로 걸어 왔다
때로는 동행인이 있었지만
지나온 길은 흔적도 없다
다만 내 뒤를 따라 온 발자국만.
아직도 난,
걸어야 하고
걷지 않은 길
또, 다른 길을
걷고 있다.

# 뉴 스

청년실업률 10년만의 최악
듣고 싶지 않는 비보悲報다
수많은 시간들을 한 가닥 희망을 갖고
거역할 수 없는 현실에 이끌리어
상형문자 줄 사이를 오고 가며
살아온, 젊은 청년
맘 놓고 정박할 곳 하나 없네.

바람 불면 날아갈 듯
엉성한 원두막만 가득하고
내 자식들 편히 쉴 기와집 한 채 없으니
하늘 향해 두 팔 들 날 기다리는 부모마음
응어리만 한 아름.

검은 구름덩이야,
어서 빨리 지나가고
맑고 푸른 너의 모습을 언제쯤 보여 줄지…….

# 다시 찾은 친구 얼굴

오수午睡와 함께하는
조용한 시간에
진저리 치듯 울리는 진동소리.

오늘은 누구나
인정하는 만우절이라
믿고 싶지 않았다.
그래도 보고 싶었다.

고마운 문자다.
날,
잊지 않고 화면에 꽉 차게
소식을 보여주니

잊혀져 간 홍조 띤 얼굴들을
빛 가리는 뭉게구름 헤치면서
날아온 문자 속에
잊혀져 간 친구 얼굴 새겨 본다.

# 밝은 불을 밝혀 주오

굉음轟音의 주파수처럼 지금도 일렁이는
백령도의 붉은 파도를 보라!
푸르른 너는,
네 모습이 붉게 변하고 있는 이유
알고 있는지?
곧 환하게 꽃 피울 봄은 왔건만
만지면 터질 듯한 부夫, 자子들
어디에 있는지…….

달아, 별아, 뜨지 말고
적도 같이 밝은 태양으로 어두운 곳
온 종일 밝혀 주오
봄 향기 가득한 이곳으로
아직도 못 온 부夫, 자子들 어서 빨리 올 수 있게.

# 서로를 원한다면

싸리나무를 휘어 감고 말라가는 마줄기
여기저기 널려 있다
젊어서 보듬고 보듬어 온 지난 세월
혹한 겨울 안고 지내왔으니 나목들, 당신은
좋기도 하겠구나!

헤어져야 할 운명.
풀려나는 너,
다심금의 인연으로 묶일지 모르지만
한들한들 잠시 스쳐가는 바람 따라
춤추며 이별하는 너의 모습 바라보니
생각이 있는지
너에게 묻고 싶다.

하지만.
서로를 원한다면
다가오는 생애에는
아름다운 꽃이 만발하는 따뜻한 언덕에서
멋진 삶 꾸려보면 어떨지…….

# 자명종

나는 우는 소리를 듣는다.
허공에서 곤두박질치며
부딪히는

무리 지어 날아간다.
멀리서 날아 온 철새들
날 바라보며

가는 곳도 모른다.
다만, 자명종이란
사실뿐

종일
달라고 떡 벌린 입
내일, 다시…….

네 가는 길
말해 줄 수 없겠는가?
꼭 그 시간 되면
가는 이유를.

# 언제나 함께하는 이

나는,
혼자가 아니다

저 높은 하늘에 둥실 떠다니는 구름도
혼자인 것처럼 보이지만
떠나가며 날 바라보고 있어
혼자가 아니듯이

나도 그와 함께하고 있으니
누가
날 보고 혼자라고 하겠는가.

# 완 벽

세상을 살다 보면
완벽만이 좋을 것 같아
나도
그렇게 하려고 노력하며 살아 왔다.

그러나
티 없고
모角 나고
완벽만으로 살아갈 수 없다는 사실을
지천명이 지나 깨우친
어리석음.

# 제 2 부

# 세월의 유속

이 비 오면
너는 더욱더 빨리
앙상한 모습으로 내게 다가와
너는
어떠냐고 묻겠지, 세월의 유속을

# 시 간

이 세상에
흐르지 않는 것은 하나도 없다.
허공에 매달린 채
바람에 이끌리어 이리저리 움직이는 구름도
어디론가 흐르고
깜깜한 암흑을 뚫고 나온 물도
계곡 굽이 따라 위에서 낮은 곳으로 흐르고
우리 인생 또한 죽음 향해 많은 우여곡절 겪으며
흘러간다.
흐른다는 것은
탄생이요
창조요
희망이니
살아 숨 쉬고 있다는 것이니
영원히 흘러야 하고
그리고
흘러야 한다.

## 철새의 비상

우연히 들른 이름도 없이 농부들의 마음만 사로잡는
앙증맞은 호수에 철새 한 마리
여가를 즐기고 있었다.
짝은 어디에 있는지 찾을 생각도 없는 모양이다

에일 듯한 추위에도 아랑곳하지 않고
자신의 모습을 바라보면서 가슴으로 마구 쪼아댄다.
보이질 않아서 그런지
무언가 불만이 있는 모양이다
쇄빙선이 꽁꽁 얼어붙은 얼음을 부수며 나가듯이
앞으로 또 앞으로 나아간다.

신기하다
부드러운 털옷이라지만 얼어붙은 호수를 향해하다니!
엄지발가락에 중력을 싣고
그대를 보기 위해 다가갔다

한가롭게 놀던 철새 한 마리
놀랐는지 두 날개 마찰음 크게 내보지만
인연이 있는 듯 날지 못하고 있네.

어렵게 뛴 발자국 사이
묻어나는 족적, 끈끈한 액체
호수위로 떨어지길 반복한다.

분주한 비상준비.
오가는 모든 손님 부른다.
먼지처럼 비산되는 흰 물방울이 소용돌이친다.
드디어 비상했다.

사라지는 족적
가느다란 잔상만 남긴 채…….

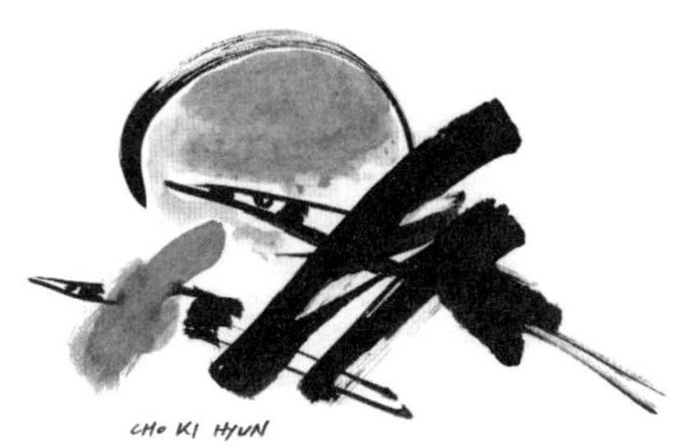

# 동 행

저녁 내내
달군 불빛
노을 향해 달려간다.

그 불빛 놓칠세라
나도 또한
달린다.

달려가는 햇살 비추는 곳으로

# 애완용 도마뱀

남들에겐
혐오스럽고 더러운 동물이지만
나에겐
애완동물 아닌가!

위기가 널
안으려 할 때
네 몸 싹둑 자르고
아주 멀리 달아난다지!

나는
네 몸 해칠
해충 잡기 위해
주변을 맴돌건만

사랑스런 도마뱀아!

네 살점 자르고
멀리 가려는 아픈 속내
내 어찌 모르리오.

# 덫

이른 아침 TV를 켠 순간
산란 위해 민물을 거슬러 올라오는 연어 떼
브라운관 가득하다.

급하고
빠르고
세차게 흐르는 민물을 발판삼아
덫에 걸려 죽을 줄 알면서
고향 찾아오는 것은 거역이고, 반항이지만
열정이자 본능인 것이다.

덫, 곰 한 마리 방황하듯
두리번두리번 시계초침 돌아가듯
고개를 갸우뚱하면서
너희들의 본능을 삼키려고 세월의 가장자리를
어슬렁거리고 있다.

생의 몸부림이요
종족보존 본능의 몸부림을
나는 이미 알고는 있지만은 너에게 말하진 않겠다.

너는 어찌해서 죽을 줄 알면서 널 삼킬 그곳을 굳이
찾아와야 하는가?
좋은 길
안전할 길
고개 없는 평탄 길을 가지 않고

네가 급하게 흐르는 물살 타고 올라옴은
치열한 삶의 현장에 있는 나와 같지 않은가.

# 재 롱

까치 한 마리.

부러질 듯
가녀린 가지 끝에
사뿐히 걸터앉아
꽃망울 쳐다보며 속삭이고 있네요.

양 날개 퍼덕이며 흩어진 친구 부르고
물고기 떼 물속에서 하얀 뱃살 보이며 유영하듯
나목위에 앉아 있는 흰 털 바람에 흩날리고 있네요.

부르는 소릴 들었을까

살며시 곁으로 다가와
빗지 못한 머리 보며 날 비웃는지
깃털 속에 뾰족한 부리 묻네.

# 당 연

낙엽 한 잎
길모퉁이에
죽은 채

그래도 한때는
온몸에 알지 못한
많은 사연 있었거늘
이젠

새로운 만남 위해
구두 아닌
짚신 발밑에서
일그러지는 기억들

# 세월의 유속

엇그제만도 청춘의
푸른 숨소리
온 대지 덮더니
어느새
검버섯 핀 노쇠한 모습으로 싹둑 잘리기만 기다리는
들판의 노병들

만산홍엽 자랑하던 수목樹木들도
봄, 여름 거치면서 키운 자식
슬하에 있는 무덤으로 출가出家시키는데…….

오늘 저녁 비가 온다지.

이 비 오면
너는 더욱더 빨리
앙상한 모습으로 내게 다가와
너는
어떠냐고 묻겠지, 세월의 유속을

달리는 세월
빠르다고
말하겠소. 나는

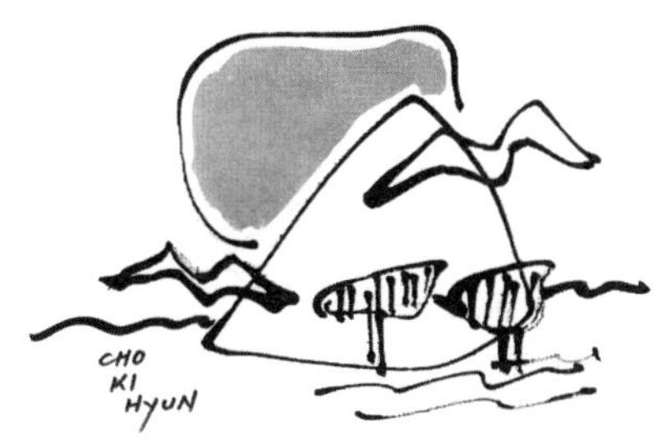

# 마지막 잎새

실오라기 하나 걸치지 않고
마지막 잎새 하나 떨구지 못한 채
아직도 눈 녹지 않은
어둔 곳에서 홀로 서 있는 나목 한 그루

누굴 기다리는지
묻는 이도 없고
찾는 이도 없고
대답하려 생각도 하지 않고
외로운 모습으로 긴긴 겨울을 지내고 있다

따뜻한 봄이 온다는 소식도 없다
단지 열두 문자만 받았을 뿐
마지막 잎새 하나
바르르 긴장하고 있다
밀려오는 푸르름 두려운지…….

## 홍 시

보다 멀리 날려고
푸르른 창공 비행하며
희망 안고 보낸
세월, 1년

일출장관 보면서
많은 약속 하였지만
마음씨 고운
감나무
언약도 묻지 않고
본심대로 행行하라지

세상사람 잠들면
남몰래 장작 피워
감나무에 홍시 가득
맺어 놓고

맺은 약속 한 아름
품에 안고 다가가지
당신 곁으로…….

## 물가에 핀 고드름

물 그리워
죽을 듯 살 듯 어렵게 흐르는
물가에 갔지요.

편안한 자리 찾아 평지로
내려갈 때

대지는
하얀 솜이불에 덮이고
내 몸은
수정처럼 투명한 기억 속에
묻히네.

가녀린 한 가닥의 나뭇가지
휘어잡고 생의 흔적 남김은
우리 인생 또한
물가에 핀 고드름이 아닐런지…….

# 숙 명

상처 난 행운목
화병에 기댄 채
어린 손
비틀며 애걸하고
속 빈
잎 하나
허공 향해 움튼다.

꺼져 가는 생명이
살기 위한 몸부림은
숙명이 아닐까?

# 자 식

잃어버린 입맛 찾으려고
봄빛이 부르는 대로
지각의 미동소리 듣는
파란 싹들, 인턴사원

찢기어 읽을 수 없는 낡은 책 한 권
어느 구석에도
입에 맞는 맛은 없지만
맘에 드는 맛을
찾아다니고 있을 뿐이다.
지금도 맛을 찾아다니고 있다.
많은 사람들 틈에 끼어
낡아 빠진 호롱불 밝히면서…….

메마른 대지라도 좋으니
곧은 뿌리 내릴
장소만 있으면
간절히 바라뿐!

# 세대교체

누구를 위해 만들어져
여기에 있었는지 모른다.
다만 필요할 뿐이었던

버려지는 저 의자,
낡고 성한 곳 한 군데 없고, 다만
검은 때와 굵은 힘줄만이 가득하고
왔을 때만 해도
위풍당당하게
어느 한곳 차지하고
누구도 오지 않게 호령號令도 하였건만
이제는
쓸쓸하게 발뒤꿈치가 들린 채 질질
가는 곳도 모른 채
젊은 낯선 손에 이끌리어 가고 있다

지금도
의자는 새롭게 만들어져
가고 있다.
내일을 위해

# 고 목

젊음도 한때

속이 텅 빈 채
아무 말 없이
지나가는 모든 이들
바라보며
마을 어귀 구석진 곳에 서 있다.

수많은 세월
우리 함께 살았다면
궁금증도 많을 텐데
너는 어찌 말 한번
하지 않고
말 못하는 장애를 갖고 있는 사람처럼
그곳에 서서 있는가?

나도, 이제
푸르고 힘차게 꽉 차 있던 모든 것
뒤따라오는 이에게 돌려주고
"나는 이렇게 변함없이 살아왔노라"
힘주어 쓰겠소.

# 약 속

가을은 어김없이
내 곁에 다가와 귓속말로
다시 왔노라고
외치지

남루하다 못해 군데군데 구멍 난
두툼한 옷
혼 부르듯
훨훨 날려버리고
봄, 여름내 살찌운 앙상한 몸통 내보임은

내일 다시

뼈만 남은
흉한 몰골 가리옵고
그대에게
오겠노라고

내 귓가에 다가와
말없이…….

# 욕 구

앞산 저 숲
생의 몸부림 소리
창공에 뿌려지고 있다

푸르름은 옛말.
아무 저항 한번 못하고
간간히 불어오는
바람결에
생의 흔적 그리며
한 줌의 흙으로 돌아가려 안달하는 모습
보노라면

흔들리는 저 나무에
매달린 작은 잎이
아니었으면…….
나만이라도

제 **3** 부

# 아침 풍경

*붉은 노을 기다리며*
*한마당*
*멋진 향연 펼쳐 보자.*

# 오 늘

밖에는 시원하지도 않는 쥐 오줌 싸 듯한
비가 오고 있다
텃새들은 좋아서인 양 비에 젖은 옷을 말리려는지
온 마당을 헤집고 다닌다.
철새들 무리 지어
오던 길 찾으려는지 아니면
고향에 갈 채비를 하는 건지
인사를 하려는 듯 머리를 흔들며
서해로 날고 있다.
이미, 내 마음도 밖에 내리는 비가 되었고
날고 있는 텃새가 되어
서해로 달려가고 있다.
시골냄새 가득한 빈대떡 벗 삼고
농주農酒와 마주하는
오늘.

# 4월에 오는 눈을 바라보며

입춘도 지나고 꽁꽁 언 대지도
더운물에 설탕 녹듯 자기 몸을 부수려고 하건만
그대는 무슨 사연 있기에 떠나지
못하는지 묻고 싶다.

내가 가고 있는 이 길
지금은 좋지만 오늘저녁, 네가 다시 온다니
또 다시 묻고 싶다.

지금까지 함께한 시간이 예년보다 더 길었거늘
이제 떠나도 널 원망 않겠다, 나는
어서 빨리 떠나거라!

그대 뒤따라오는 많은 친구 손에 등 밀리어 떠나느니
그대가 먼저 비켜주면 안되는가
그대여!
이제 후회 없이 미련 없이 떠나거라!
많은 친구 다가오는 모습이 그대 눈엔 보이지 않는가
오늘 다 못한 네 사연事緣
새 옷 입고 애기하면 어떠한지!

# 사과나무

곱게 커 온 사과나무
한 그루

온갖 세파에
시달려 왔지만은

곧은 가지
멍석 펴듯 주변에 펼쳐놓고
굳게 서 있는 사과나무 한 그루

나는,
멋진 삶 꾸미는
네 그늘 밑에 눌러 앉아
널 보고 싶구나!

# 봄 (1)

봄소식 들으려고
좁은 골목길을 나섰다.

잔뜩 웅크린 꽃망울
좋아라! 외치는 소리
산천을 휘감고
좁아진 골목길엔
진한 수액 흐르는 소리
닫혀 있던 귓가를 맴돌아 고요를 깨뜨리고
더러운 발밑에 일그러져 소생 불가한 민들레 잔디들
움트는 소리 드높다

내 몸은 아직
깊은 겨울이건만
개울가 버들가지 움트고
병아리 부리 같은 개나리가 노랗게 피어오는 모습
봄꽃 향 반갑구나!

# 봄 (2)

봄이 오고 있네.

여기저기 갈피 못 잡고 움직이는
철새 따라 한들한들 춤추면서
매화 향기 가득 채운 넓은 들판으로

젊은 남녀의 세레나데
내 가슴속에 배경음악 깔려 오네…….

# 봄 (3)

바람이 차갑지 않은 것을 보니
봄이 오는가 보다.

가랑이 사이로 안기려고 들어오는 바람도
춥지 않으니
비로소 봄이 왔는가 보다.

며칠 전만 해도 바람이 싫었다.

어느 한 곳 간지럼 피우면서
틈을 비집고 오려 해도
꽉 잠긴 문을 열어줄 수 없었던 것은
솜사탕 같은 보송보송한 바람도 아닌
예리하게 날 세운 칼바람.

발목 손목도 탄력 좋은 수입품에
몇 날, 아니 몇 달을 묶여 살아 왔지만
지금, 가랑이 사이에 거침없이 들어와 앉은
차갑던 바람의 체온이 나와 같은 것을 보니

언 가슴 힘겹게 뛰던 심장들
홀가분하게 뛰어 놀게 하려는지
늦었지만,
이제 봄은 왔는가. 봅니다.

# 봄 (4)

어둡고 추운 지하에 갇혀 있던
뿌리들 기지개 켜라고 봄바람 가득한
날이 다가오고 있다.

겨우내 하루를 열흘같이
참고, 보듬으며
지내 온
움트지 못한 꽃대들
내 품에 안기라고 외쳐 댈
봄이
따스한 봄바람을 몰고 오고 있다.

봄이 오면
움츠렸던 가슴에도
새롭고 멋진 움이 트겠지…….

## 봄 (5)

아직도 추운, 비바람 속에 몸 숨기고
남들이 볼 새라 하얀 버선 벗은 채
숨죽이며 오고 있다.

따뜻한 곳 하나 없어 숨지 못한 내 가슴을
보기만 해도 찔릴 듯한 예리한 창으로
후벼 파면서 오고 있다.

꽁꽁 얼어붙은 이 가슴을
일순간에 녹이려고
봄은 오고 있다.

## 봄 (6)

봄이 오는 소리
들리는 듯하다.

빛바랜 하이얀 눈 자해소리
계곡마다 가득하고
땅 벌레 물 뿌리 밝은 미소
온 산을 뒤덮으니
그대들이여!
봄이 오는 소리
숨죽이고 들어 봐라

# 봄 비

봄비가 주룩주룩 오고 있다

먼 산 철새들 줄지어 날듯이
숨 한번 쉬지 않고 하염없이
주룩주룩 줄기차게 오고 있다

얼어붙은 내 가슴에도
우당탕 소리 내며
봄비 오듯 기쁨만 오면 좋겠다.

# 늦게 핀 매화를 바라보며

기나긴 겨울
생명을 잃은 듯 꼼짝도 않던 네가
너의 향 발산함을 귀 기울여 듣다 보니
심장의 박동소리 요란하네.

네 모습 훔치려고
원치 않는 뿌연 황금모래가
네 머리를 흔들고

삼복더위 땀띠 나듯
널 묻어 왔던 밭 자락 여기저기
너의 모습 하얗게 피어나니
벌 나비 모여들고

화려한 이 모습도 잠시,
푸른 열매 매달고
널 찾아 애태우는
품속으로 가겠지!

늦게 와도 좋소!
겨우내 지쳐 메마른 대지에
너의 향기 힘차게 뿌리듯이
젊음 지난 내 가슴에
너의 향 파릇파릇 돋아나길…….

## 춘음春音

지축이 잔잔히 흔들면서
멀리서 남몰래 그대 향해 오는
춘음春~音

빛바래 누런 옷
하나하나 밀려오는 바람결에
흩날리고

춥다 한번 못하고
굵은 혈관 보이면서 지내 온
앙상한 가지들
한들한들 숨쉬고

남도에서 올라오는
온풍溫風속에 파묻힌
매화 향
우리鬱속에 가득하다

그대들이여!

얼어 죽은 굼벵이, 실가지들
기지개 켜는 소리
들리는가?
그러나 미동微動은 없다.

## 설레임

하염없이 내리는 가랑비에 온몸 적신
벚나무 위에 멧새 한 마리 안절부절 이다.

메말랐던 나뭇가지에
몸통 속에 깊이 숨긴 입술들
겨울철 손발 트듯
온몸 찢으면서 태어나니

개나리꽃 산 동백꽃 만개하듯
메마른 내 가슴에
파릇파릇한 너의 입술
어서, 빨리
피어나라.

# 못다 핀 벚꽃

사무실 옆 벚꽃 나무 한 그루
활짝 핀 노란 개나리꽃 유혹에도 흔들리지 않고
터질 듯 홍조를 띠고 서 있다.

무엇이 부족한지
아직도 하이얀 꽃 못 피우는
사무실 옆 벚꽃 나무 한 그루

때 지나면 피려는가.

## 상강霜降

자연 섭리 따라 왔다지만
이렇게
빨리 올 줄 모른 상강.

서릿발 세우고
달려 온 당신이여!
한 걸음, 물러날 수 없는가?

막차 탄
오색향연 한창인데…….

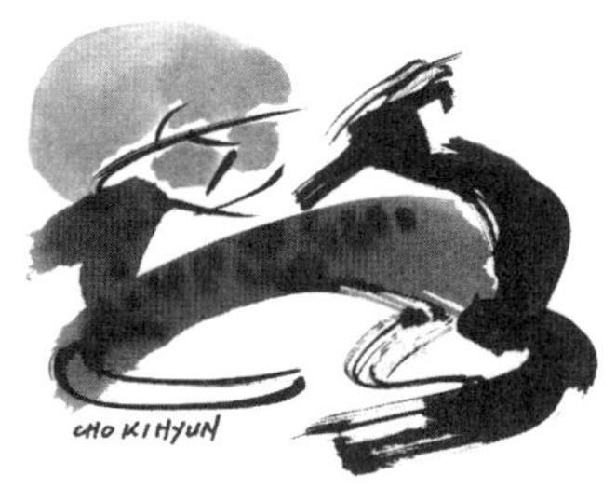

# 단 풍

앞산에 모닥불 지피는지
꺼질 듯하면서 점점 강하게
불이 일어나고 있다

온 대지
붉게 물들이자
책 넘기는 소리
소 방울소리 분주하다

초침秒針 따라 빠르게
서로를 멀리하려는 듯
저 불도
쫓기고 있다

꺼지지 않는 저 불
한동안은
저곳에서
모든 먼지 닦아내고
어김없이 활활 타오르겠지……

# 아침 풍경

하이얀
털실 모자
바람에 날릴 듯 가볍게 눌러쓰고
밤새 지새운 초가

추위에 지친 입김
온몸을 비틀 듯이
동녘 향해 굽이쳐 흩날리고

두 손 비비며
갓 시집온 아낙네
심장 뛰는 소리
거칠고
밤새 밝힌 호롱불
붉게 피는 태양 보며
말없이 꺼진다.

붉은 노을 기다리며
한마당
멋진 향연 펼쳐 보자.

# 밀어密語

석양을 품에 안고
낯선 연인들의 밀어들이
푸른빛에 춤추고

간간히
들리는 건
철썩철썩 예리한 칼에 부서지는
자해소리

내일도
이 자리
이 시간에

내 품에
이끌리어 자해된
밀어들이
안기려는지…….

내일도.

제 4 부

# 진한 향기

*젊은 여인의 고운 입술에서 솟아나는*
*입김은 소박한 꽃 향만을 내는*
*아름다운 꽃이기에…….*

# ‘무소유’ 외침소리

‘무소유’ 외침소리!
당신 집, 길상사寺 남겨두고 어디를 가시옵니까?
가진 것도 없었지만 모든 것
버리시고 어디를 가시옵니까?
오지 못할 여행은 아니라고 믿겠습니다.
온단 말 안했어도 ‘무소유’ 당신은
남겨진 모든 중생 궁금하여 두루두루 살피려고
못다 베푼 당신 마음
어떤 모습으로 오시옵니까?
둥근 항아리 가득 채운 밀密 되어 기다리고 있겠어요.
여행 떠난 ‘무소유’ 당신!
하얀 연꽃 늘어선 길 따라 가시옵고
사바세계 그립거든 가신 길 잊지 말고
그 길 따라
우리 곁에 오소서…….

# 나의 친구, 멋진 친구

네 발에 얹혀 가속페달 밟는 대로
앞만 보며 과묵하고 싶다는
말 한번 없이 함께 해 온
나의 친구, 멋진 친구

비가 오나 눈이 오나
바람이 불고 안 불고
좋은 길 나쁜 길 싫은 내색 없이
바라는 것 하나 없고
불평 한번 하지 않는다.

때만 되면 충분한 끼니와
관절염 치료제만 정기적으로 주면
그저 좋아하며 있는 힘을 다해
전력 질주한다.

오랜 세월
함께하던 친구라도
한번쯤은 불평불만 할 텐데

그저 손가락 움직이는 대로
달려가는 너

이별하는 순간까지
손과 발이 되어 주는
나의 친구,
멋진 친구

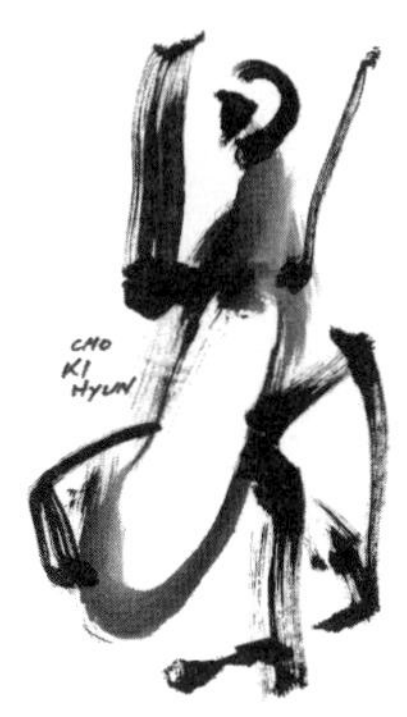

# 눈 오는 밤길

아무도 없는 호젓한
눈 오는 밤길.

뽀드득뽀드득, 발밑에 일그러지는 비명들
가는 걸음걸음마다 족적을 감추고
발밑에서 떨어질 듯 끈질기게 따라 오고
더 힘차게 내리는 눈에 내 몸은 꽁꽁 묶이어
온몸이 시려옵니다.

내게도
홀로 지새우는 가로등 불빛 같은
온기가 있으면…….

## 생명수

먼동 틀 즈음
보글보글 피어나는 뿌연 안개 넓게 펼친 젊은
여인의 열두 폭 치마 속에서
살아 있음 알리는 듯
졸졸졸 소리 내며 어디론가 힘차게 달린다.

숨지 못한 다람쥐 한 마리
생명수 한 모금 마시며 하늘 한번 바라보다
수줍은 듯 굽은 등背 보이면서 홀연히
생명의 근원지를 찾아 힘차게 발걸음을 돌린다.

동녘하늘에
붉은 태양 떠오르면
열두 폭 회색치마 걷히고
생명의 거친 소리 나신으로 보이고
멀리 떠난 다람쥐
먹이 찾아 분주하게 다니겠지!

# 지천명

기축년 팔월 열엿샛날
온 시름 떨치고 텅 빈 가슴속에
새 희망 담으려고
두 개의 둥근 원위에 얹어 놓고
망가져가는 페달을 힘차게 밟고 가는 발길은
황금벌판의 부름 따라 달려갔네.

흰 꽃 머리에 이고 자랑하던
푸른 벼, 당신은
천년만년 살려고
온갖 약제 심천수深川水와 마셨건만
푸른 청춘 간데없고
하얀 진주 깊게 감춘
누런 모습

나와 같지 않은지
머리 절로 숙여진다.

# 지주목

뜰 모퉁이에 죽어가는
벚나무 한 그루
생명을 지키려고.

말없이 온갖 풍상 다 겪으며
육신 썩는 줄도 모르고
등背 맞대고 서 있는, 너의 모습
보기도 좋구나!

죽어가는 한 생명 지키려는 살신성인.

당신같이 마음 품은 사람들이
지천至賤으로
깔렸으면
좋으련만…….

# 자벌레

갈기갈기 찢어진 헌옷
촘촘히 꿰매 놓았다 했건만 마당엔
흰 눈 가득합니다.

만산홍엽 부러워서 그랬는지, 시기猜忌라도 하듯이
흰 눈, 네가 온 대지 덮으니 의지할 곳 찾으려고
긴 꼬리 흔들며 이리저리 몰려다니는 텃새들

제 몸 부서지는 줄도 모르고 낡은 처마 밑에
숨겨 놓은 먹이 보고 자맥질 하는 모습
처절한 몸부림이다.

흰 눈,
네가 온 대지를 덮은들 마음까지 덮을 수 있을까

한 마리 자벌레
가는 길 험한들 천 리 길 멀다 않고
한뼘한뼘 가는 모습 보아라!
수천 개 뼈마디 부서지는 소리 들리지 않는가?

뱁새눈 사이로 삐죽이 얼굴을 내밀며
나타난 밝은 햇살이
흰 눈 덮인 내 육신을 온기로 보듬네.

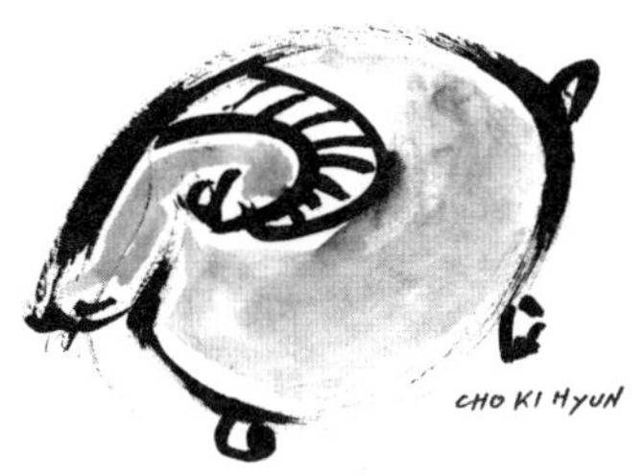

## 동풍凍風과 함께한 낙엽들

혹독한 동풍凍風이 갑자기
하얀 눈과 함께 강하게 내 집 주변에 왔다
가깝게, 아주 가깝게 부르지도 않았건만

휘둥그레지는 나의 눈에 비친 것은
멀리서 날던 새, 동풍에 편승하여 온 낙엽이다

새도 아닌 것이 새인 양 동풍의 정수리로
빠르게 기어오르는 너,
내 눈을 속이다니…….

받을 것 없다 외쳤건만 너는
막 잠든 종자들 잠재우는 나에게
소리 소문 없이 살며시 다가왔지
엄동설한 피하겠다며 널 안고 있던 탯줄 끊고서

그대는 동풍이 그리도 그리웠나?
그 품에 안기어 어둔 밤 기다리며
여기저기 유랑하다니

그래도 받아줄 곳
동풍의 정수리는 아니지만
내일을 숨죽이며 기다리는 그곳
아니던가!

이리저리 춤추던 동풍
천방지축 내돌리던 낙엽 안고
잠드네.

# 얼 굴

날마다 들르는 중국집.
커피 향 가득한 주인들
이국적 얼굴 바라보면 그리움이
바람에 흩날리는 꽃잎처럼
머릿속을 스쳐 간다.

마음껏 활보 못하는
푸른 제복 입던
추억에
묶이어

돌아오지 못하는 흘러간 세월
뒤잡으려 퇴색된 그리움
공중파에 얹었건만

멀리서 달려 온 것은
미래를 생각하라는
단, 한 줄

이국적 얼굴위에
사뿐히 그려지는
되살아난 추억들.

# 궁남지에서

매년
궁남지에서
서동과 선화공주가 만난다.

가는 길
질퍽이고
미꾸라지 용 되길 기다리듯
온몸 비틀고

두 남녀
만남을 축하라도 하듯
작은 손, 큰 손
합장하고

청사초롱 밝혀 놓고
창 없는 정자 옆
힘든
사랑 실으려
돛 높이 세우고
임 오길 기다리네.

두 임들이여!

임을 위한 이곳에서
은은한 백제 춤을
함께 추면 어떨지…….

* 궁남지 : 충남 부여군에 있는 못

# 연

코 찌를 듯한
역겨운 냄새 가득한
조그만 연못에 핀
연꽃 한 송이

많은 뿌리
사방으로 펼쳐 놓고
속세에 젖을 세라
긴 장대 세우고

널따란
푸른 벌판 담요 삼고
외롭게 설법 듣는
하이얀 동자승

근심 많은
꿀벌 보며 화답하네.
내 자비慈悲 받으라고

# 효 심

밖에는 강한 바람이
추수를 기다리는 들녘을 향해
지금도 불고 있다

바람아! 그대는
농부인 우리 엄마 마음을 아는지 모르는지
넓은 밭 가운데 추수 못한 나락, 콩, 수수, 들깨
한창인데 푸른 마음 우리 엄마
가슴 검게 하지 마라

바람아! 너는 이제
멈출 수 없는가.
푸른 마음 울 엄마
활짝 웃도록……

# 동반자

한 사람을 아낀다는 것
쉬운 일도 아니다
그렇다고 어려운 일도 아니다

세상을 살아가면서
많은 사람을 만나고 헤어짐은
억만 번 된다 해도 과언이 아니다.
꿈속
마음속
모임
거리에서 만남이 있으니

그러나
숱한 만남에서 알고 지낸 사람 중
한 사람을 선택하여 아낀다는 것은
내 맘속에 있고
네 맘속에 있다

한세상을 살아가면서
아껴 줄 사람이 있고

아낌을 받으려는 사람이 있다면
그것이 곧, 너와 나의 행복이고 즐거움이
아니겠는가?

# 진한 향기

아침 일찍
눈곱 비비며 저녁내 날 기다린
컴퓨터가 있는 이곳,
두 여자들 웃음꽃 만발하다.
그저 즐겁게 세월의 흔적이 새겨진
구릿빛 얼굴에 은은한 향기 뿜어내는
환한 웃음이 오고 가고
지금까지 살아오며 모르고 지낸
서로의 삶에 대한 얘기들 나누고 있으니
세상에서 가장 진한 향기 내는 꽃이야말로
그늘진 곳에서 말없이 피어나는
여인들의 웃음꽃 아니겠는가?

젊은 여인의 고운 입술에서 솟아나는
입김은 소박한 꽃 향만을 내는
아름다운 꽃이기에…….

# 한 권의 시집을 내면서

지금의 사회는 어수선하기 짝이 없다. 우리 국방을 위해 애써 온 천안함 침몰로 인한 한 가족의 가장과 자식들을 잃었고, 설상가상으로 생을 위해 참고 기다리는 생명을 구하려고 출동한 민간어선 침몰로 고귀한 생명들마저 푸른 바닷속에서 길을 잃고 나오지 못하고 있는 안타까운 일이 일어났다.

또한 심각한 취업난으로 삶의 터전도 못 잡고 30촉광의 불빛아래서 글 사이를 맴돌며 내일을 향해 머리띠 질끈 메고 차가운 의자에 앉아 사투를 벌이고 있는 실정이다. 이러한 시점에서 저 자신이 세상 물정 모르고 앞만 보고 달려 온 지천명의 세월을 지나, 지난 일들을 돌아보며 느끼어 왔던 젊은 시절을 회상하고 지금 이순간도 자식들을 위한 염려와 나의 자화상을 두서없이 그린 몇 편의 글을 책 한권에 담아 봅니다.

이 책에 쓰여진 글의 좋고 나쁨은 이 글을 읽는 독자의 깊은 마음과 생각에 달려 있다고 생각하고 졸작인 나의 글에 잠시 눈을 머물러 주신 문우님들께 감사드리며 언제나 웃음꽃이 얼굴에 가득 피길 기원합니다.

2010년 5월 10일

지은이 백청 김준환

저자와의
협약으로
인지생략

김준환 시집
세월에 묻힌 발자국

초판 발행 2010 년 6 월 5 일

지은이 | 김 준 환

펴낸이 | 윤 해 규

펴낸곳 | **을지출판공사**

등록번호 | 제 2-741 호
등록일자 | 1985 년 2 월 14 일
주 소 | 서울시 마포구 서교동 394-81 홍익B/D 3층
우편번호 | 121-840
전 화 | 02) 334-4050 · 4090
팩시밀리 | 02) 334-4010
E-mail : euljipub4010@hanmail.net

값 8,000원

ISBN 978-89-7566-103-7 03810